GÜLSÜM CENGİZ

BI

Say Yayınları
Tomurcuk Kitaplar Dizisi 6

BICIRIK
GÜLSÜM CENGİZ

ISBN: 975-468-263-1

Yayın Yönetmeni: Murat Batmankaya
Editör: Gamze Varım
Resimleyen: Saadet Ceylan
Fotoğraf: İsa Çelik
Genel tasarım: Mehmet İlhan Kaya
Baskı: Eko Matbaası

1. baskı: Say Yayınları, 1999
2. baskı: Say Yayınları, 2002, Ocak

© Say Yayınları
Ankara Cad. 54/12 • TR-34410 Sirkeci-İstanbul
Telefon: 0 212 - 512 21 58 • Faks: 0 212 - 512 50 80
http://www.sayyayinlari.com.tr
e-posta: info@sayyayinlari.com.tr

Genel Dağıtım: Say Dağıtım Ltd. Şti.
Ankara Cad. 54/4 • TR-34410 Sirkeci-İstanbul
Telefon: 0 212 - 528 17 54 • Faks: 0 212 - 512 50 80
http://www.saydagitim.com.tr
e-posta: saydagitim@turk.net

GÜLSÜM CENGİZ

BICIRIK

Resimleyen
Saadet Ceylan

SAY
İstanbul

MERHABA...

Bu kitabın yazarının kim olduğunu merak ediyor musun?

Eğitimci, şair-yazar, gazeteci. Isparta, Sütçüler'de doğdu. İstanbul İlköğretmen Okulu'nu bitirdi. Balıkesir ve İstanbul'da öğretmenlik yaptı. Öğretmenlikten ayrıldıktan sonra yayıncılık alanında çalışmaya başladı. Ansiklopedi editörlüğü, çocuk yayınları yönetmenliği, çocuk dizisi editörlüğü, radyo programcılığı ve sunuculuğu yaptı, çocuk sayfası sorumlusu olarak çalıştı. Halen serbest yazarlık yapmakta, köşe yazarlığını sürdürmekte...

On beş kitaplık *Tomurcuk Kitaplar* dizisinin dışında yayınlanmış çocuk kitapları şunlardır: *Aslı Okula Başladı* (sekiz kitaplık okuma dizisi), *Cimcime Kitaplar* (on kitaplık mini öykü dizisi), *Herkesin Bir İşi Var* (öykü), *Ayşe'nin Günleri* (roman).

Çocuk edebiyatı dışında yazarın iki tiyatro oyunu ve dört şiir kitabı bulunmaktadır. Şiir, oyun dalında ödülleri bulunan yazarın çocuk edebiyatı dalında da ödülleri vardır. *Ayşe'nin Günleri* adlı romanı Almanca'ya çevrilerek, İsviçre ve Avusturya'da yayınlanmıştır. Aslı adında bir kızı vardır. Müziği, doğayı, okumayı, çocukları ve yeni şeyler öğrenmeyi çok sever.

Evet... Şimdi merak etme sırası bende. Acaba kitabımı sevecek misin? Bunu ancak, anlattığım öykü ve masalları okuduktan sonra, bana yazarsan öğrenebilirim. Kitabıma ilişkin düşüncelerini, duygularını, **PK 387 Beyoğlu–İstanbul** *adresine yazabilirsin. Dilerim, bu öyküler, senin okuma zevki kazanmana ve kitapların düş dolu dünyasının kapılarının sana açılmasına yardımcı olur.*

Gülsüm Cengiz (Akyüz)

CİVCİVLE TANIŞIYORUZ

Onu ilk gördüğümde sevinçten kalbim duracak sandım. Küçücük, sapsarı bir yün yumağına benziyordu. Kendisi gibi minik civcivlerle dolu camekanın içinde sürekli cik cikleyerek sağa sola koşuşturup duruyordu.

Babam satıcıya onu gösterip:

"Bunu istiyoruz." dedi.

Kulaklarıma inanamadım.

"Alıyor muyuz?"
"Evet canım."
dedi annem
saçlarımı
okşayarak.

Sevinçle çarptı yüreğim. Heyecandan söyleyecek söz bulamadım. Sımsıkı sarıldım ikisine de.

"Çok iyisiniz." diyebildim ancak.

O sırada satıcı, bizim minik yün yumağını yakalayıp küçük bir karton kutuya koymuştu bile. Kutuda hava alabilmesi için delikler vardı. O ise, sürekli cik cikleyip duruyordu.

Annem kutuyu elime verip:

"Al bakalım civcivini. Ona sen bakacaksın." dedi.

O anda, belki de, dünyadaki çocukların en mutlusu bendim. Öylesine sevinçliydim ki... Ne zamandır bir hayvan arkadaşım olsun istiyordum. Ama evimiz

uygun olmadığı için alınmamıştı. Yeni taşındığımız bu evin balkonları genişti. Herhalde onun için almışlardı. Çok mutluydum. Bizim minik civciv ise kutunun içinde sürekli hareket ediyor ve cik cik ötüp duruyordu.

Eve geldiğimizde babam onu hemen genişçe bir karton kutuya koydu.

"Biraz hava alsın." dedi.

Civcivim kutunun içinde dolaşmaya başladı. Onu yakından gördüm. Minicikti. Sapsarı, yumuşacık tüyleri vardı. Uçmaya çalıştı. O zaman iki yanındaki kanada benzer oluşumları gördüm. Minik bir gagası, çevreye cin gibi bakan gözleri vardı.

Onu çok sevmiştim. Elime alıp okşamak istiyordum. Ama biraz da korkuyordum doğrusu. Benim korkak olduğumu düşünmenizi istemem. Ama, minik de olsa o sivri gagası ve ayaklarındaki tırnakları beni korkutuyordu. Hem ben daha yedi yaşındayım ve bugüne dek hiç hayvanım olmadı.

Babam, onu sevmek istediğimi, ama cesaret edemediğimi anlayınca civcivi eline aldı.

"Gel, benim elimde sev." dedi.

Yavaşça yaklaştım. Gözümü, ucu sivri tırnaklı ayaklarına dikmiştim.

Babam çekindiğimi görünce:

"Korkma yavrum, gel sev. Bir şey olmaz. O minicik bir yavru." dedi.

Babamın sözleri beni yüreklendirmişti. Elimi uzatıp tüylerini okşadım. Yumuşacıktı. Okşanmak hoşuna gitmişti. Başını babamın eline yatırıp gözlerini yumdu. O sırada çok şaşırdım. Gözleri aşağıdan yukarı doğru kapanıyordu. Göz kapağı alttaydı.

ADI NE OLSUN?

Ona bakmaya, onu sevmeye doyamıyordum. Bir süre sonra, babam onu yeniden kutuya koydu. Minik civciv çok hareketliydi. Sürekli cik cikliyor ve o minicik kanatlarını çırparak kutudan çıkmaya çalışıyordu.

"Şuna bakın..." dedi annem. "Haline bakmadan uçmaya çalışıyor."

Civciv –ona henüz bir ad bulamadım– biz yemek yerken de yerinde rahat durmadı. İçine koyduğumuz kutudan sonunda uçup çıkmayı başardı ve büfeden aşağı, hoop kayıp indi. Onu öyle ilk ben gördüm.

"Anne koş! Kutudan çıktı!" diye bağırdım.

Annem gülerek:

"Aaa, bu pek yaramaz bir civciv. Şunun yaptıklarını bakın." dedi. Minik civciv büfeden aşağı kayınca babamın ayakkabısının içine düştü. Zıplayıp çıktı ayakkabıdan. Sonra ötekinin içine girdi. Ama hiç yılmak bilmiyordu. Yine zıpladı. Bu kez benim ayakkabılarımın

içine düştü. Böyle düşe kalka, bata çıka sonunda düze çıktı ve koşarak salona, bizim yanımıza geldi. Kanat çırparak ve cik cikleyerek bize başarısını duyurdu. Hali çok hoştu. Hepimiz gülmekten kırılıyorduk. Sonra annem onu avucuna alıp yine kutuya koydu.

"Uslu uslu dur burada." demeyi de unutmadı.

Annelerin sözü dinlenir. Ama bizim minik civciv bunu henüz bilmiyordu anlaşılan. Az sonra yine çıktı kutudan.

"Bu böyle olmayacak..." dedi babam. "Ona hemen bir yer yapmalıyız."

"Çok iyi olur. Baksana, bu pek yaramaz. Kutuda durmayacak." dedi annem.

"Evet." diye onayladım annemi neşeyle. "Evet çok yaramaz, ama çok tatlı!"

"Ona bir ad buldun mu?" diye sordu babam.

Bazı adlar düşünmüştüm, ama kararsızdım.

"Şeyy, Pamuk desek?"

"Biraz kedi adı gibi olmaz mı?" dedi annem. Sonra da ekledi: "Ama yine de sen bilirsin. Onun adını sen bulacaksın. Biraz daha düşün istersen."

Babam, yemekten sonra kutunun kenarlarını gazeteyle kaplayarak biraz daha yükseltti. Annem satıcıdan aldığımız yemleri önüne koydu. Minik bir kabın içine de su doldurdu. Civciv, gagasını uzatıp suyu içti. Sonra başını havaya

kaldırdı. Birkaç kez aynı hareketi yaptıktan sonra yemleri yemeye girişti. Onu izlemek çok hoştu. Bir ara yem yemeyi bırakıp yine kutudan çıkmaya çalıştı.

Babam gülerek:

"Bu pek bıcırık bir şey." dedi.

"Tamam!" diye bağırdım sevinçle. Civcivimin adını bulmuştum.

"Ne oldu?" diye sordu annem.

"Civcivimin adı Bıcırık olsun."

"Aaa, çok güzel bir ad. İyi düşündün Aslı." dedi annem.

Kendimle gururlandım.

O akşam yatağa girdiğimde heyecandan uzun süre uyuyamadım. Bıcırık da uyumadı. Geç saatlere dek cik cikleyip durdu.

Bir ara annem dayanamayıp tatlı bir sesle azarladı onu:

"Haydi, yat uyu artık. Çocuklar bu saatte uyur."

Annemin bu sözlerini duyunca yatağımda kıkır kıkır gülmeye başladım. Şu annem de ne komik. Sanki Bıcırık sözlerini anlarmış gibi...

Kıkırdamamı duyunca annem odama gelip öptü beni. Üzerimi örtüp bir kez daha iyi geceler diledi.

"Haydi sen de uyu artık. Yarın civcivine ev yapacağız." dedi.

BICIRIK'IN EVİ

Ertesi gün pazardı. Pazarları biraz geç kalkarız. Güzel havalarda annemle babam bahçedeki ve balkondaki çiçeklerle ilgilenirler. Ben de onlara yardım ederim.

Bu eve taşınır taşınmaz benim için iki ceviz fidanı diktiler. Ön bahçeye güller, ortancalar, kasımpatılar dikildi.

Her pazar bahçede yapılacak yeni bir iş bulur babam. Ben de bazen annemin bazen babamın çevresinde dolaşıp yapacak iş ararım kendime. Toprağı

kabartmak, zararlı otları ayıklamak, çiçekleri sulamak; çiçeklerin açışını, fidanların büyümesini izlemek çok hoştur. Ben salondaki çiçekleri sularken, annem kuru yaprakları ayıklar. Zaman zaman da karşı tepelere bakıp söylenir:

"Her yer çirkin beton bloklarla doldu. Yakında bir tek yeşil dala hasret kalacağız."

"Haklısın anneciğim. Ama bizim ağaçlarımız büyüyecek. Böyle bahçeli bir evde yaşadığımız, ona fidanlar, çiçekler dikebildiğimiz için çok mutluyum."

Bazen de Taşdelen Korusu'na, Ömerli Barajı'nın kıyısına, Şile yolunun üstündeki kırlara gezmeye gideriz. Piknik yaparız. Bu gezi ve piknikler de hepimizi çok mutlu eder. Ormanın içlerine doğru yürüyüşler yapar, kelebekleri, karıncaları izleriz birlikte. Kuş seslerini dinleriz. Bilmediğimiz bitkilerle, renk renk kır çiçekleriyle karşılaşırız.

"Keşke bu güzellikler hiç bozulmasa..." der annem, temiz havayı içine çekip.

Babam, bazı piknikçiler tarafından çalıların arasına bırakılmış pet şişelere, naylon torbalara, karton, teneke kutulara bakıp anlamlı anlamlı başını sallar yalnızca.

Ben de öfkeyle söylenirim:

"Neden bu çöpleri buraya atarlar ki?"

Keyfimizi kaçıran bu görüntülere karşın, yine de pazar gezileri benim için unutulmaz anılarla doludur. Üstelik, ailemizin bir arada olduğu, birlikte bir şeyleri paylaştığı gündür pazar.

O pazar günü, ötekilerden çok değişik başladı. Bıcırık, sürekli cik cikleyerek

sabahleyin erkenden uyandırdı bizi. Yanına gidip, "Günaydın." dedim.

O da yüzüme bakıp cikledi.

Kahvaltıdan sonra hemen işe giriştik. Babam, alet kutusundan keser, testere, çivi vb. araçları çıkardı. Balkondaki tahtaları ölçtü, biçti. Yan yana getirip çiviledi. Ben de ona çivi uzattım. Keseri verdim.

Babam, uzun, zorlu bir uğraştan sonra küçük bir tahta kulübe yaptı. Kulübenin küçük bir kapısı ve penceresi de vardı. Sivri çatısıyla bir bebek evine benziyordu. Bıcırık'ın evi.

Sevinçle ellerimi çırptım.

"Anne gel. Bıcırık'ın evi çok güzel oldu."

Bıcırık'ın evini annem de çok beğendi. Evin minik kapı ve pencereleri naylon telle kaplandı. Tabanına kalın bir karton serildi.

Minicik su ve yem kapları kondu.

Bıcırık, törenle yeni evine taşındı. İlk günler, ona salonda kalorifere yakın bir yer verildi. Sonraları havanın durumuna göre, bazen banyoda bazen balkonda geçirdi günlerini.

Bıcırık, yaşamımıza renk ve neşe getirmişti. Ona bakmak, onunla oynamak hepimizin çok hoşuna gidiyordu. Kısa sürede ailemizin bir parçası olmuştu.

MİNİK ARKADAŞ

Sabahları okula giderken ona küçük penceresinden bakıp "Hoşça kal." diyor, okuldan gelir gelmez de koşup onu selamlıyordum.

Annem ona çok iyi bakıyor, işe giderken yemini suyunu koymayı unutmuyordu. Bazı sabahlar ekmek kırıntısı, yumurta sarısı bile veriyordu ona.

Babam da akşamları kapıdan girerken keyifle selamlıyordu onu:

"Ne haber civciv? Tanışıyor muyuz?"

Bıcırık, uzun ciklemelerle yanıtlıyordu babamı.

Bıcırık'ın evini bazen babam, bazen de annem temizliyordu. Evi temizlenirken onu banyoya ya da koridora bırakıyorlardı.

Bıcırık, evinden çıkarılınca ne yapacağını bilemiyor, bir o yana bir bu yana koşup sevinçle kanat çırpıyordu. Bazen ben salona doğru koşuyordum. O zaman Bıcırık, biraz daha büyümüş kanatlarını çırparak, hatta uçarak peşimden geliyordu. Bu oyun, ikimizin de çok hoşuna gidiyordu. Hemen her akşam oynuyorduk onunla.

Bazı akşamlar, Bıcırık sürekli cikliyor, bir türlü susmuyordu. O zaman annem onu avucuna alıp sevgiyle tüylerini okşuyordu. Bıcırık, bir iki cikleyip çırpındıktan sonra annemin ellerinin sıcaklığına teslim oluyordu. Başını annemin ellerine yatırıp gözlerini yumarak uyuklamaya başlıyordu.

"Ah canım. Şuna bakın, nasıl uyudu. Eh, ne de olsa yavru. Anne sıcaklığına gereksinimi var." diyordu annem, sevgi ve acımayla karışık bir sesle.

Annem ona hiç kıyamıyordu. Birkaç kez kulübesini banyoya koyduk. Akşam karanlık olunca Bıcırık korkup cik cik ötmeye başladı.

"Karanlıktan korkuyor." dedi annem.

"Yok canım..." dedi babam. "Hiç öyle şey olur mu?"

Ama annem haklıydı. Işık yanar yanmaz sustu Bıcırık. O günden sonra da hiç karanlıkta bırakmadık onu.

Bıcırık, annemin özenli bakımı ve gösterdiğimiz sevgi nedeniyle çabucak büyüdü. Kanatları gelişmiş ve güçlenmişti. İnce sarı tüyleri dökülüp yerine çilli tüyler çıkmaya başlamıştı.

Bıcırık, büyüdükçe daha bir yaramaz, daha bir oyuncu olmuştu. Onunla oyunlarımızın tadına doyamıyordum. Okuldan gelir gelmez derslerimi çabucak yapıp onunla oynamak istiyordum. Annem de artık onu daha sık dışarı çıkarıyordu.

KÜÇÜK YARAMAZLIKLAR

Bir gün yine koridorda koşup oynuyorduk. Benim odama girdi. Yerde kendi boyundan büyük bir kâğıt parçası buldu. Hemen koşup onu ağzına aldı. Ben bağırmaya başladım.

"Anne koş! Bıcırık, kocaman kâğıdı ağzına aldı. Boğulacak!"

Annem hemen geldi.

"Telaşlanma, o kâğıdı yutamaz. Ama şimdi alırız ağzından."

Bıcırık, annemin kendisini yakalamak istediğini anlayınca ağzındaki kâğıtla salona kaçtı. Hali çok komikti. Ağzında

boyundan büyük bir kâğıtla salonda daireler çizerek koşuyordu.

Annem, onu kovalamayı bırakmış gülüyordu. Sonunda yakalayıp kâğıdı ağzından aldı. Bıcırık direniyor, gagasını açmıyor, kâğıdı vermek istemiyordu. Ağzından kâğıt alınınca cik cik ötüp söylendi uzun süre. Annem de azarladı onu yumuşakça:

"Seni yaramaz seni. Ya kâğıt boğazına kaçsaydı!"

"Boğulup gidecek." dedim korkuyla.

Ona bir şey olacak diye ödüm kopuyordu zaten. Bizimkiler bana Bıcırık'ı alınca apartmandaki öteki çocuklar da semt pazarından civciv almışlardı. Ama onların civcivleri fazla yaşamamıştı. O yüzden, civcivimin üzerine titriyordum. Başına kötü bir şey gelmesin diye çok dikkat ediyordum. Ama o, her geçen gün değişik bir şey keşfediyor, yüreğimi ağzıma getiriyordu.

Bir gün yine annem onu dışarı çıkardı. Bıcırık koşarak peşimden salona geldi. Kovalamaca oynuyorduk. Ben koltuğun üstüne çıktım. Bıcırık o sırada, pencere kenarındaki kurdele çiçeğini gördü. Çiçeğin uzun yeşil yaprakları vardı. Bir yandan kanatlarını çırpıp uçarak bir yandan iki ayağının üstünde zıplayarak çiçeğe ulaşmaya çalıştı. Onu merakla izliyordum. Bıcırık, birkaç kez zıpladıktan sonra bir yaprak koparmayı başardı.

Ben bağırmaya başladım.

"Anne koş! Bıcırık çiçeğini kopardı. Yiyor. Belki zararlıdır."

Annem telaşla salona geldi. Koşup Bıcırık'ın ağzından yaprağı almaya çalıştı. Ama nerdee?

Bizimki bir yandan "Ciik, ciik" diye ciyaklarken bir yandan da yaprağı yutuvermişti.

Korkuyla bağırdım:

"Eyvah, çiçeği yedi! Ona bir şey olur mu?"

"Bilmiyorum Aslıcığım. Evlerdeki bazı çiçeklerin yapraklarının zararlı olduğunu biliyorum. Ama bu çiçek hakkında bilgim yok. Dur, hemen üzülme. Belki bir şey olmaz."

Annemin bu sözleri beni biraz avutmuştu. Ama o gün, hep gizli gizli civcivimi gözledim.

Bıcırık'a bir şey olmadı. Ama böylece biz onun yeşil yaprakları ne kadar çok sevdiğini öğrenmiş olduk. O günden sonra annem ona marul yaprağı, salatalık kabuğu, pancar yaprağı gibi yeşillikler verdi. Bıcırık bunları elimizden yiyordu. Ben bile ona yaprak yediriyordum. Elimle ekmek de veriyordum ona.

Artık birbirimize iyice alıştık. O da bizim ilgimizi arıyor; yemi, suyu olsa bile eğer kendisiyle konuşmazsak, oyun oynamazsak sürekli cikleyip yakınıyordu. Dışarı çıkarılınca da yaramazlık yapmaktan geri durmuyordu. İnce uzun şeyleri gagalamayı çok seviyordu. Bir gün benim kilimimin püskülünü çekiştiriyor, bir başka gün annemin bileğindeki zinciri gagalıyordu.

Bir gün dışarı çıkarıldığında, yerde uzun bir ip buldu. Hemen koşup ipi kaptı. Odadan odaya koşarak ağzında dolaştırdı. Annemin peşinden geldiğini görünce ipini saklayacak yer aradı. Boğazına kaçacak diye çok korkuyordum.

Annem, sonunda onu yakaladı. İpi almak istedi. Bıcırık, gagasını kapamış bir türlü açmıyordu. Sonunda annem ipi alıp

yüksekçe bir yere koydu. Bıcırık durur mu? Birkaç zıplayışta ipi yine yakaladı. Bu kez ben almak istedim ağzından. İpin öteki ucundan tutup çektim. Canı yanmasın diye ipe fazla asılmıyordum. Bıcırık, inatla direniyor ipi bırakmıyordu. Annemse ikimizin haline gülüyordu. Sonunda annem onu yakalayıp ipi ağzından aldı. Bıcırık, uzun süre annemin ipi koyduğu masanın çevresinde cik cikleyerek dolanıp durdu.

Onunla günlerimiz çok güzel geçiyordu. Bir tatil günü, onu arkadaşım Gülşah'la tanıştırdım. Gülşah, bize oynamaya gelmişti. Annem Bıcırık'ı dışarı çıkardı. Biz Bıcırık'la koşmaca kovalamaca oynadık. Bıcırık artık iyice güçlenen kanatlarıyla "Pırr" diye uçuyordu peşimden. Gülşah çok eğlendi. Bıcırık'ı o da çok sevmişti.

"Aslı ile birlikte sen de oynarsın onunla." dedi annem.

O gün hava çok güzeldi. Annem Bıcırık'ı balkona çıkardı. Bıcırık, güneşi görür görmez kendini yere atıp uzanıverdi.

"Şuna bakın. Güneşi görünce kendini koyuverdi." dedi annem. Sonra da Bıcırık taşlara yatmasın diye hemen bir karton kutu bulup getirdi.

Bıcırık, o gün keyfince dolaşıp durdu balkonda. Güneşlendi. Biz de Gülşah ile birlikte onu izledik. Oyunlar oynadık.

KEDİ

Havalar ısındığı için Bıcırık'ın balkondaki keyifli saatleri artmıştı. Annem sık sık onu balkona çıkarıp serbest bırakıyordu. Ama Bıcırık bir gün büyük bir tehlike atlatınca bundan vazgeçmek zorunda kaldık.

Bıcırık balkondaki karton kutusunda güneşleniyor, annem gazete okuyor, ben de ders çalışıyordum. Birden annem telaşla ayağa fırlayıp balkona koştu. Balkonun kenarında kocaman bir tekir kedi, sırtını kabartmış, pençelerini açmış, sinsi sinsi Bıcırık'ı gözlüyordu. Tam

üzerine atlamak üzereydi ki, annem koşup kurtardı Bıcırık'ı.

O günden sonra da onu bir daha balkonda yalnız bırakmadık. Ama bir soru da annemle babamın aklını kurcalamaya başladı.

"Bu ufaklık büyüyor. Evin içinde bakımı zor olacak. Dışarıda da kediler kapacak.

Ona nasıl bakacağız? Onu ne yapacağız?" dedi babam.

"Haklısın. Gerçi ona çok alıştık. Ama büyüyünce ne yapacağız?"

Onların bu sözleri içime korkular düşürdü. Yoksa civcivimi kesecekler miydi?

"Bunu yapamazsınız!" diye bağırdım öfkeyle.

İkisi de şaşkınlıkla yüzüme baktılar.

"Ne oldu ki?" dedi babam.

"Onu kesmenize izin vermem."

"Böyle bir şeyi nasıl düşünebilirsin?" dedi annem.

Utanmıştım.

"Bir an, onu kesmeyi düşündüğünüzü sandım."

"Hiç öyle şey olur mu?" dedi babam. "Ama, büyüyünce onu ne yapacağımızı da düşünmemiz gerek."

"Ondan ayrılmam. Onu kimseye vermem."

"Onu biz de seviyoruz. Ama büyüyüp tavuk olunca bu küçücük kulübede yaşayamaz. Bir çözüm bulmamız gerek."

Çözümü babam buldu.

"Onu Büyükada'ya, anneannenin yanına gönderelim. Onun bahçesi var. Belki küçük bir kümes yapıp bakabilirler. Sen de civcivinden ayrılmamış olursun."

Bu öneri pek kötü sayılmazdı. Yine de güçlükle razı oldum.

"Hemen gitmesin ama..." dedim.

"Okullar kapanınca birlikte gidersiniz. Birkaç gün kalırsın orada. Sonra civciv kalır, sen dönersin. Nasıl olsa anneannene sık sık gidiyorsun. Civcivini de görürsün."

BICIRIK BÜYÜYOR

Okulların kapanmasına fazla zaman kalmamıştı. Günler çabuk geçiyordu. Civcivimden ayrılacağımı düşündükçe üzülüyorum. Ama bizimkiler insanı inandırmasını iyi biliyorlar. Bıcırık'ın gidişine üzüldüğümü anladığında, annem benimle konuşuyordu.

"Sen, sürekli böyle kapalı bir yerde yaşamak ister miydin? Hayvancağızın da özgürce dolaşmaya hakkı var."

Eh, ona hak vermemek elde değil.

Bazen annem beni sokağa çıkarmayınca canım çok sıkılıyor. Evin içinde kapalı kalmak hoşuma gitmiyor. Herhalde Bıcırık da küçücük kulübede kapalı kalmaktan

hoşlanmıyordur, hoşlanmadığını da belli ediyor zaten.

Annem onu dışarı çıkarınca sevinçten ne yapacağını bilemiyor. Sağa sola koşup duruyor. Kulübedeyken de kanat çırpıp uçmaya, dışarı çıkmaya çalışıyor. Birkaç kez uçarak minik penceresinden dışarı çıkmayı başardı bile. Eve geldiğimizde onu ortalıkta gezinirken bulduk. Bizi girişte karşıladı.

"Ciik."

"Oh, oh, kolay gelsin." dedi annem.

Bıcırık yüzsüzce cik cikledi. Böyle sere serpe dolaşmak çok hoşuna gitmişti. Gerisi umrunda değildi.

Annem onu, alıp kümesine koydu.

Sonra evi temizlemeye girişti. Bu durumda, annemin haklı olduğunu düşünmekten kendini alamadım. Bıcırık artık evde bakılamazdı.

Birkaç gün sonra okullar kapandı. Karnemi aldım. Sınıfımı pekiyi ile geçmiştim. Çok sevinçliydim. Babam armağan olarak Ayvalık'a tatile gideceğimizi söyledi. Hem sevinmiş hem de üzülmüştüm. Bıcırık evde yalnız kalamazdı.

O hafta sonu, Bıcırık'ı kapaklı bir sepete koyup Büyükada'ya götürdük. Bıcırık vapurda çok uslu durdu. Hiç yaramazlık yapmadı.

Ondan ayrılmam kolay olmadı. Ağladım. Annemle babam da çok üzülmüşlerdi. Ama onun orada daha mutlu olacağını söylediler bana. Gerçekten öyle mi bilmiyorum.

Ona şimdi dedemle anneannem bakıyorlar. Telefonla arayıp sık sık Bıcırık'ı soruyorum. Büyüdüğünü, yakında tavuk olacağını söylüyorlar.

Şimdi günlerim, bazen kitap okuyarak bazen de arkadaşım Gülşah ile bahçede oyun oynayarak geçiyor. Onu çok

özlediğim, yokluğuna üzüldüğüm anlarda, onun adada ağaçların altında özgürce dolaştığını, kendisi gibi tavuklarla arkadaşlık ettiğini düşünüp avunuyorum.

İÇİNDEKİLER